뿌듯해콘텐츠연구소

좋은 콘텐츠를 만들기 위해 교사와 기획자가 모였어요.
우리 친구들과 매일 만나고 싶어서 '뿌듯해' 시리즈를 만들었지요.
이 시리즈를 만드는 동안 책에 코 박고 뭔가에 몰두하는 친구들이 떠올라 행복했어요.
첫날 부담 없이 시작했는데, 어느새 마지막 장을 넘기게 되는 <뿌듯해> 시리즈.
하루 10분, 꾸준하게 실천하면 자신감이 쑥쑥 샘솟을 거예요.

◆ <뿌듯해 3행시 초등 일기쓰기>는 디자인과 상표권 특허 출원 중입니다.
◆ 이 책에 실린 모든 내용은 허락 없이 복제할 수 없습니다.

《뿌듯해 3행시 초등 일기쓰기》 초급

초판 1쇄 발행 2020년 12월 1일
초판 2쇄 발행 2021년 12월 13일

지은이 • 뿌듯해콘텐츠연구소
발행인 • 강혜진
발행처 • 진서원
등록 • 제2012-000384호 2012년 12월 4일
주소 • (03938) 서울 마포구 월드컵로 36길 18 삼라마이다스 1105호
대표전화 • (02)3143-6353 | 팩스 • (02)3143-6354
홈페이지 • www.jinswon.co.kr | 이메일 • service@jinswon.co.kr

기획편집부 • 한주원, 최고은 | 표지 및 내지 디자인 • 디박스
일러스트 • Getty Images Bank | 종이 • 다올페이퍼 | 인쇄 • 보광문화사 | 마케팅 • 강성우

ISBN 979-11-86647-53-0
진서원 도서번호 20012
값 8,800원

초급

뿌듯하 3행시

초등 일기쓰기

매일 3행시를 쓰면 100일 후 글쓰기 도사가 된다!

뿌듯해콘텐츠연구소 지음

뿌듯해  친구들에게

우연히 함께 시작한 3행시 일기쓰기

글쓰기 숙제를 매번 안 해 오는 친구가 있었어요. 억지로 쓰면 힘드니까 무조건 강요만 할 수는 없었지요. 그러다 그 친구에게 '3행시 일기'를 함께 쓰자고 말했답니다. 길게 쓸 필요도 없고, 5~10분이면 쓸 수 있으니까 부담스럽지 않겠다 싶었지요.

'고/자/질' 3행시 쓰고 마음이 홀가분해진 아이

첫날 3행시 주제는 바로 '고/자/질'. 그런데 갑자기 이 친구의 눈빛이 초롱초롱해지더니 다음 날 이렇게 멋진 3행시를 써 왔습니다!
속마음을 글로 표현하니까 엄마에 대한 미움이 조금은 사라졌대요.

고	자	질		노	트	를		쓰	려	고		한	다	.	엄	마	에
대	한		고	자	질	이	다	.									
자	식	을		사	랑	한	다	면	서		왜		이	렇	게		괴	롭
힐	까	?		수	학	학	원	은		정	말		가	기		싫	다	.
질	질		고	래	밥		흘	리	지		말	라	고		잔	소	리	하
는		엄	마	.		여	기	에		고	자	질	하	니		속		시	원	!

글쓰기는 마음을 건강하게 해 주는 영양제

글쓰기를 숙제로만 생각하지 마세요. 그냥 쓰고 싶을 때 쓰면 된답니다. 아주 짧아도 좋아요. 남들에게 말하지 못하는 속사정이나 감정을 끄적거리다 보면 어느 순간 마음이 편해지지요. 글쓰기는 마치 마음을 건강하게 해주는 영양제 같아요.
글을 쓰고 싶지만 막상 어떻게 해야 할지 모른다면 '3행시 일기쓰기'를 시작해 보세요!
불쑥 던져진 3행시 주제에 맞춰 요리조리 상상해 보고 → 랩을 하듯 운율도 맞추며 → 그럴듯하게 마무리한다면, 언제 어디서든 나의 생각을 자유롭게 표현할 수 있을 거예요.

'3행시 일기쓰기'로 글쓰기에 재미를 들여 보세요. '뿌듯해' 백일장도 참여해 보시고요. 어서 빨리 여러분의 멋진 이야기를 듣고 싶네요!

뿌듯해콘텐츠연구소

<뿌듯해 3행시 일기쓰기>
하루 10분, 이렇게 쓰면 뿌듯해져요!

생각이 깊어지고 표현력도 커지는 '3행시 일기쓰기'. 하루 10분, 3단계 쓰기를 따라 하면 어렵지 않을 거예요.

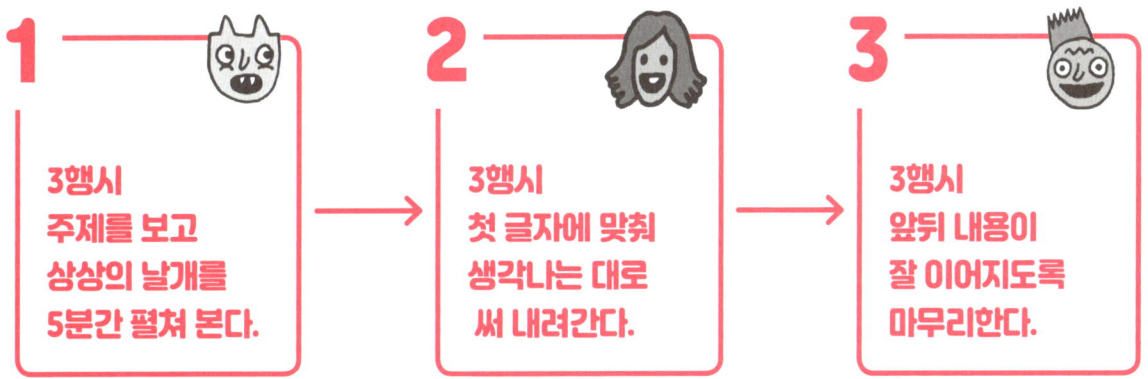

1 3행시 주제를 보고 상상의 날개를 5분간 펼쳐 본다.

2 3행시 첫 글자에 맞춰 생각나는 대로 써 내려간다.

3 3행시 앞뒤 내용이 잘 이어지도록 마무리한다.

'뿌듯해 백일장'에 도전해 보세요!

진서원 뿌듯해 카페(cafe.naver.com/jinswonppddhh)에서는 매주 '뿌듯해 백일장'이 열립니다. 내가 써 놓고도 마음에 들었던 3행시 일기를 사진으로 찍어서 올려주세요. 매주/매월 우수작을 선정해서 문화상품권, 기프티콘 등 다양한 선물을 드립니다.

<이렇게 쓰면 우수작 당선!>

☐ 힙합 가사를 쓴다는 생각으로 운율을 맞춰서 써 보세요.
☐ 1행과 2행도 중요하지만, 마지막 3행에 힘을 더 주세요. 마무리가 중요해요!
☐ 나만의 생각을 담아 보세요. 감동까지 추가하면 최고!

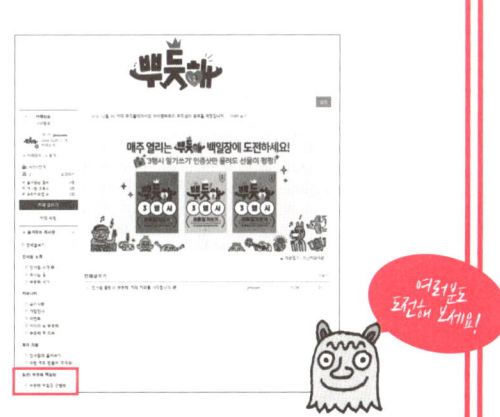

<뿌듯해 3행시 일기쓰기>
준비 운동 – 원고지 쓰는 법

<뿌듯해 3행시 일기쓰기>는 원고지에 씁니다. 나중에 논술 시험을 볼 때 원고지를 사용하므로 미리 알아 두면 좋습니다. 원고지 쓰기를 하다 보면 맞춤법, 띄어쓰기, 문장부호 사용법을 자연스럽게 알게 됩니다. 글씨도 예쁘게 쓰게 되고요.

칸 / **행**

제목 쓰기
1행은 비워 두고 2행 가운데에 제목을 적는다.

학교와 이름 쓰기
• 제목 바로 밑에 학교 이름을 쓴다. 오른쪽에 세 칸을 남겨 둔다.
• 그 아래에 학년, 반, 이름을 쓴다. 오른쪽에 두 칸을 남겨 둔다.

본문 시작할 때 첫 칸 비우기
• 이름을 쓴 다음 1행을 비운다.
• 본문을 시작할 때는 반드시 첫 칸을 비우고 둘째 칸부터 쓴다.

대화문에 큰따옴표 쓰기
• 대화문은 행을 바꾼 후 전체를 한 칸 비우고 쓴다.
• 상대방과 대화할 때는 큰따옴표(" ")를 쓰고, 혼잣말을 할 때는 작은따옴표(' ')를 쓴다. 대화가 짧다고 해서 한 행에 같이 쓰지 않도록 주의한다.

줄임표 쓰기
• 말끝을 흐리거나 말을 줄일 때 쓴다.
• 한 칸에 3개씩, 두 칸에 걸쳐 점 6개를 찍고 다음 칸에 마침표를 찍는 게 원칙이다(가운데에 찍거나 아래에 찍는 것 둘 다 가능/점 6개가 아니라 3개만 찍는 것도 허용).

칸 밖의 문장부호
한 행의 마지막 칸 밖에 문장부호를 써도 된다. 다음 행으로 넘기지 않는다.

따옴표 인용구 넣기
'~라며'처럼 대화를 문장 안에 인용하는 경우에는 행을 바꾸지 않고 이어서 쓴다.

항목을 나열할 때 첫 칸 비우기
하나, 둘, 첫째, 둘째, 이렇게 항목을 나열할 때는 첫 칸을 비운다.

	셋	,	글	쓰	기	가		만	만	해	지	고		쉬	워	진	다	.	
	매	일		일	기	를		쓰	면		글	쓰	기		도	사	가		될
것		같	다	.	이	러	다	가		백	일	장		대	회	에	서		대
상	을		받	을		수	도	!											
	"	엄	마	,		오	늘	부	터		일	기	를		빼	먹	지		않	고
	쓰	겠	습	니	다	.		몰	래		보	셔	도		좋	아	요	.	"	
		20	21	년		1	월		1	일		민	성		올	림				

마침표, 쉼표는 반 칸 사용!
- 문장을 끝낼 때는 마침표(.)를, 문장 사이에 쉴 때는 쉼표(,)를 쓴다.
- 이 둘은 반 칸씩 사용하므로 다음 칸을 비우지 않는다.

느낌표, 물음표, 따옴표 모두 한 칸 사용!
- 느낌표와 물음표, 따옴표는 한 칸을 모두 차지한다.
- 따옴표와 마침표를 같이 쓸 때는 한 칸에 쓴다.
- 마침표(.)와 쉼표(,)는 반 칸만 사용하는 것에 주의하자.

숫자는 한 칸에 두 자나 한 자, 모두 가능!
- 숫자는 한 칸에 두 자씩 써도 되지만 경우에 따라 한 칸에 한 자씩 써도 된다.
- 알파벳도 마찬가지!

<뿌듯해 3행시 일기쓰기> 누가 보면 좋을까?

<뿌듯해 3행시 일기쓰기>는 초급, 중급, 고급으로 구성되어 있어요. 초등학교 1~2학년은 초급, 3~4학년은 중급, 5~6학년은 고급으로 시작할 것을 추천합니다. 하지만 어느 단계든 여러분이 원하는 단계로 시작해도 괜찮아요.

초등학교 1~2학년용  → 초등학교 3~4학년용  → 초등학교 5~6학년용

 →

'3행시 일기' 쓰고 '뿌듯해' 스티커를 붙이면?
100일 후 나만의 일기책 완성!

 '3행시 일기' 100일 과정을 끝내고 스티커 100개를 모두 붙였나요?
그렇다면 맨 뒤에 있는 표창장을 받을 자격이 있답니다.

스티커 붙이는 곳	스티커 붙이는 곳	스티커 붙이는 곳	스티커 붙이는 곳	스티커 붙이는 곳
1일 고구마	11일 아이유	21일 도시락	31일 심부름	41일 밥도둑
2일 소나기	12일 토마토	22일 자전거	32일 지하철	42일 슬라임
3일 두더지	13일 요리사	23일 소림사	33일 초통령	43일 자신감
4일 마스크	14일 코로나	24일 고등어	34일 핫초코	44일 수영장
5일 소고기	15일 아토피	25일 거미줄	35일 김연아	45일 가을길
6일 도토리	16일 코리아	26일 비둘기	36일 손바닥	46일 줄넘기
7일 피아노	17일 고자질	27일 교무실	37일 물장구	47일 신호등
8일 어머니	18일 순두부	28일 자동차	38일 독후감	48일 초능력
9일 아파트	19일 불가마	29일 휴지통	39일 솜사탕	49일 이순신
10일 드라마	20일 고양이	30일 아침밥	40일 일요일	50일 골목길

<뿌듯해 3행시 일기쓰기> 특장점 3가지

1 10분 안에 끝! 부담감이 없다!

2 하루 1장, 스티커 1개! 성취감 100배 급상승!

3 매주 '뿌듯해 백일장' 도전! 게임하듯 승부욕 뿜뿜!

100일 후 나도 글쓰기 도사!

스티커 붙이는 곳	스티커 붙이는 곳	스티커 붙이는 곳	스티커 붙이는 곳	스티커 붙이는 곳
51일 힘자랑	61일 개구리	71일 멋쟁이	81일 도서관	91일 백악관
52일 탕수육	62일 제주도	72일 핸드폰	82일 오천원	92일 뽀로로
53일 장난감	63일 케이크	73일 그림책	83일 화장실	93일 메뚜기
54일 홍길동	64일 개인기	74일 선생님	84일 영화관	94일 뼈다귀
55일 결혼식	65일 모래성	75일 초등생	85일 청와대	95일 새우깡
56일 상상력	66일 대청소	76일 연예인	86일 소방관	96일 코딱지
57일 운동장	67일 햄버거	77일 생일날	87일 편의점	97일 짜장면
58일 군것질	68일 우체국	78일 전학생	88일 만화책	98일 껍데기
59일 알림장	69일 책가방	79일 흰우유	89일 태권도	99일 뻥튀기
60일 엉덩이	70일 비행기	80일 유치원	90일 백만원	100일 떡볶이

뿌듯해 꼬막상식 목차

일기도 쓰고! 지식도 쌓고! 1석2조!

하루 1장 '3행시 일기' 주제와 연결되는 꼬막상식을 담았어요.
꼬리에 꼬리를 무는 지식을 마음껏 쌓아 보세요.

가나다순

가방과 봇짐	84
감자탕은 왜 감자탕일까?	109
거미가 된 아라크네	40
고자질하다 vs 꼰지르다	32
곤충은 미래 식량?	108
교과서에 나온 소설 《소나기》	17
교무실과 사무실 낱말풀이	42
구황작물이란?	16
국기원이 하는 일?	104
군것질과 주전부리	73
금화도감은 조선 시대의 소방서	101
깡의 뜻	110
누가 내 머리에 똥 쌌어?	18
누가 누가 잘하나 장기자랑	79
독후감 공모전의 효과	53
돼지 껍데기는 콜라겐 덩어리?	113
두부의 종류	33
두음 법칙	21
마스크 종류	19
마파람에 게 눈 감추듯	56
맹자가 세 번 전학 간 이유	93
머리에 좋은 오메가3	39
멋쟁이란 이름의 새	86
백악관이 있는 도시는?	106
분식의 뜻	115
불가마 더위	34
불교가 전해진 비단길	60
비둘기가 많아진 건 88올림픽 이후?	41
사자도 고양이과 동물	35
상상력을 키우려면?	71
생존 수영의 종류	59
세계 최대 규모였던 도서관	96
세계 최초의 비행기는?	85
세계 최초의 편의점은?	102
세계 최초의 추리 소설은?	75
세종 대왕 탄신일과 날짜가 같은 스승의 날	89
소림사와 달마대사	38
손금과 운명	51
솜사탕을 만드는 원리	54
수영의 효과	52
아침밥과 조식 뷔페	45
아토피를 예방하려면?	30
안내견은 신호등을 구분할까?	62
알림장의 효과	74
알쏭달쏭 분리수거 꿀팁	44
어른들이 좋아한 〈피구왕 통키〉	72
어린이 통장 만들기	105
어머니날에서 어버이날로 변경!	23
요일은 언제 생겼을까?	55
용돈의 뜻	97
우리나라 최초의 영화는?	99
우유의 효과	94
유럽도 연구하는 《난중일기》	64
유치원은 누가 만들었을까?	95
일제강점기 자전거 왕 엄복동	37
자동차를 발명한 사람들	43
자존심과 자존감	58
저작권이란?	26
제주도는 유네스코 세계 유산	77
조선 시대의 강남은 북촌?	65
조선 시대의 우체국은?	83
줄넘기 운동의 효과	61
짜장면 소스는 춘장	112
청와대를 관람하려면?	100
초등학생의 장래 희망은?	91
초딩 VS 국딩	90
초통령은 누구?	48
최초의 로봇 청소기는?	81
최초의 지하철은 어디에?	47
최초의 한글 소설은?	69
케이크의 유통기한	78
코딱지가 생기는 이유	111
코로나 증상	29
크리스마스의 뜻은?	68
탕수육 소스 만들기	67
토마토는 과일일까, 채소일까?	27
특별한 생일잔치, 환갑	92
팔씨름 대회의 상금은?	66
평창 동계 올림픽에서 우리나라의 순위는?	50
피아노는 줄임말?	22
한국은 웹툰 강국	103
한국의 전통 과자는 한과	114
한국의 전통 혼례복은?	70
한국의 토종 소, 한우	20
한국 최초의 아파트는 3층 건물	24
한류 열풍을 일으킨 한국 드라마	25
핫초코 짝꿍은 핫팩	49
핸드폰은 콩글리시	87
햄버거는 독일 음식?	82
화장실과 해우소	98

1일 | 3행시 일기쓰기

오늘의 3행시는 '고/구/마'. 밤고구마도 맛있지만, 호박고구마가 더 달콤해서 좋아요. 겨울에 길에서 파는 군고구마도 정말 맛있어요.

고

구

마

3행시 내용을 그림일기로 그려 보세요.

꼬막상식

구황작물이란? : 기르는 기간이 짧아서 흉년이 들었을 때 사람들의 먹거리에 큰 도움이 되는 농작물을 말해요. 고구마, 메밀, 감자, 조 등이 있어요.

| 2일 | 3행시 일기쓰기 |

오늘의 3행시는 '소/나/기'. 갑자기 쏟아지는 비를 보면 마음이 시원해져요. 하지만 우산도 없이 돌아다니면 안 돼요. 감기에 걸리니까요.

소

나

기

3행시 내용을 그림일기로 그려 보세요.

교과서에 나온 소설 〈소나기〉: 황순원 작가가 지은 소설로 중학교 교과서에도 실려 있어요. 시골 소년과 도시 소녀의 아름다운 우정과 사랑을 담았어요.

년 월 일

3일 | 3행시 일기쓰기

오늘의 3행시는 '두/더/지'. 그림책 《누가 내 머리에 똥 쌌어?》의 주인공은 두더지예요. 두더쥐(X)가 아니라 두더지(O)라는 것, 꼭 기억해 두세요.

두								

더								

지								

3행시 내용을 그림일기로 그려 보세요.

꼬박상식

누가 내 머리에 똥 쌌어? : 독일 작가 베르너 홀츠바르트가 지은 그림책이에요. 100만 명의 어린이에게 책 읽는 즐거움을 안겨 준 소중한 책이지요. 언제 다시 읽어도 재미있어요.

4일 | 3행시 일기쓰기

오늘의 3행시는 '마/스/크'. 갑작스럽게 찾아온 코로나 때문에 매일 마스크를 써야 해요. 깜박 잊고 나갔다가는 "아차!" 하고 다시 집에 들어가야 해요.

마									
스									
크									

3행시 내용을 그림일기로 그려 보세요.

마스크 종류 : 미세먼지 차단 성능을 나타내는 'KF'는 KF80, KF94, KF99 등으로 나뉘어요. 숫자가 높을수록 미세먼지 차단 성능이 높아져요. 대신 숨쉬기가 좀 어렵지요.

5일 | 3행시 일기쓰기

오늘의 3행시는 '소/고/기'. 국내산 소고기인 한우는 비싸지만 맛있어서 누구나 좋아하지요. 소고기와 쇠고기 둘 다 맞는 말이에요.

소

고

기

3행시 내용을 그림일기로 그려 보세요.

꼬막상식

한국의 토종소, 한우 : 한우는 원래 농사를 짓기 위해 키웠지만 지금은 주로 소고기를 얻기 위해 키워요. 몸무게는 암컷 300kg, 수컷 420kg 정도예요. 소끼리 싸움을 붙이는 소싸움 대회도 있어요.

년 월 일

6일 | 3행시 일기쓰기

오늘의 3행시는 '도/토/리'. 도토리는 떡갈나무, 신갈나무 같은 참나무 종류의 열매랍니다. 도토리묵으로 만들어 먹지요. 다람쥐의 먹이가 되기도 하니까 산에서 너무 많이 주우면 안 돼요.

도									
토									
리									

3행시 내용을 그림일기로 그려 보세요.

두음 법칙 : 두음은 단어의 첫소리를 가리켜요. 첫소리에 'ㄹ'이 오면 발음하기 힘들어서 'ㄴ'이나 'ㅇ'으로 바꾸어 발음하는 것을 말해요. '도/토/리'에서 '리'는 두음 법칙을 적용해서 '이'로 발음을 시작해도 돼요(3행시에서는 '리'로 시작해도 괜찮아요).

7일 | 3행시 일기쓰기

HO HO
피 아 노

오늘의 3행시는 '피/아/노'. 피아노를 잘 치는 사람을 보면 멋있어요. 그런데 옆집 피아노 소리는 시끄럽기만 해요. 왜 그럴까요?

	피								

(빈 칸)

	아								

(빈 칸)

	노								

(빈 칸)

3행시 내용을 그림일기로 그려 보세요.

꼬막상식

피아노는 줄임말? : 피아노는 '피아노포르테'의 줄임말이에요. 여리게 연주하라는 '피아노'와 세게 연주하라는 '포르테'가 합쳐진 말이에요.

8일 | 3행시 일기쓰기

오늘의 3행시는 '어/머/니'. 평소에는 '엄마'라고 친근하게 불러요. 하지만 어버이날 편지를 쓸 때는 '어머니'라고 예의를 갖추어 쓰게 돼요.

어

머

니

3행시 내용을 그림일기로 그려 보세요.

어머니날에서 어버이날로 변경!: 미국 어머니의 날에서 영향을 받아 만들어졌어요. 우리나라에서도 원래는 어머니날이었지만, 나중에 부모님 모두를 위해 어버이날로 바뀌었어요.

년 월 일

9일 | 3행시 일기쓰기

오늘의 3행시는 '아/파/트'. 우리나라는 아파트 공화국이래요. 곳곳에 아파트 건물이 높다랗게 솟아 있지요. 사람들은 왜 아파트를 좋아할까요?

아

파

트

3행시 내용을 그림일기로 그려 보세요.

꼬박상식

한국 최초의 아파트는 3층 건물 : 1956년 을지로 4가와 청계천 4가 사이에 세워진 중앙아파트가 우리나라 최초의 아파트였어요. 3층짜리 한 동 건물에 열두 집이 살았다고 해요.

년 월 일

10일 | 3행시 일기쓰기

오늘의 3행시는 '드/라/마'. 넷플릭스에서 1등이 한국 드라마라고 해요. 우리나라 사람들은 반도체도 잘 만들고 드라마도 잘 만들어요. 도대체 못 하는 게 뭘까요?

	드									

	라									

	마									

3행시 내용을 그림일기로 그려 보세요.

한류 열풍을 일으킨 한국 드라마 : 한국 드라마를 제일 좋아하는 나라 중 하나는 터키라고 해요. 2명 중 1명이 한국 드라마를 본대요. 그밖에 일본, 중동, 동남아시아에서도 한국 드라마를 좋아해요. 최근에는 미국에서도 많이 본다고 하네요.

년 월 일

11일 | 3행시 일기쓰기

오늘의 3행시는 '아/이/유'. 노래도 잘하고 작사, 작곡도 잘하는 가수를 '싱어송라이터'라고 해요. 아이유는 어른들도 좋아하고 어린이들도 좋아하는 싱어송라이터랍니다.

| 아 | | | | | | | |

| 이 | | | | | | | |

| 유 | | | | | | | |

3행시 내용을 그림일기로 그려 보세요.

저작권이란? : 음악, 책 등 창작물을 만든 사람의 권리를 보호하기 위해 만들어졌어요. 방탄소년단의 노래를 듣고 싶다면 저작권 사용료를 내야 해요. 하지만 유튜브에서 광고를 보면 공짜로 들을 수 있어요.

12일 | 3행시 일기쓰기

오늘의 3행시는 '토/마/토'. 토마토는 과일일까요, 채소일까요? 정답은 '과채류'랍니다. 채소와 과일의 중간! 하지만 인기 동요 제목처럼 '토마토는 멋쟁이'라고 답하는 친구도 있어요.

토								
마								
토								

3행시 내용을 그림일기로 그려 보세요.

꼬막상식

토마토는 과일일까, 채소일까? : 1983년 미국의 대법원에서 토마토가 과일인지 채소인지 가린 적이 있어요. 토마토는 과일로 볼 수도 있고 채소로 볼 수도 있다고 하여, 과일과 채소에서 한 글자씩 따서 과채류가 되었어요.

년 월 일

13일 | 3행시 일기쓰기

오늘의 3행시는 '요/리/사'. 우리 집 최고 요리사는? 바로 엄마예요. 그런데 아빠가 요리를 잘하는 집도 있더라고요. 어서 빨리 어른이 되어서 내가 먹고 싶은 걸 다 요리해서 먹었으면 좋겠어요.

요

리

사

3행시 내용을 그림일기로 그려 보세요.

꼬박상식

두음 법칙 : 두음은 단어의 첫소리를 가리켜요. 첫소리에 'ㄹ'이 오면 발음하기 힘들어서 'ㄴ'이나 'ㅇ'으로 바꾸어 발음하는 것을 말해요. '요/리/사'에서 '리'는 두음 법칙을 적용해서 '이'로 발음을 시작해도 돼요(3행시에서는 '리'로 시작해도 괜찮아요).

14일 | 3행시 일기쓰기

코 로 나

오늘의 3행시는 '코/로/나'. 코로나 때문에 요즘 학교 가기도 힘들고 여행도 못 가요. 우리나라는 코로나에 잘 대처해서 세계적으로 칭찬을 받았지요. 3행시에서는 '로', '오' 둘 다 처음에 와도 괜찮아요.

코

로

나

3행시 내용을 그림일기로 그려 보세요.

꼬막상식

코로나 증상: 감기처럼 열이 나고 기침을 하다가 구토와 설사를 하고, 심해지면 호흡 곤란, 폐렴까지 이어져요. 평소 사람이 많은 곳은 피하고 손에 비누칠을 해서 꼼꼼하게 씻으면 예방할 수 있어요.

년 월 일

15일 | 3행시 일기쓰기

오늘의 3행시는 '아/토/피'. 피부가 간지러워서 자꾸 긁게 되는 증상을 말해요. 기관지염과 비염도 생기고요. 혹시 아토피로 힘들었던 경험이 있나요?

아									
토									
피									

3행시 내용을 그림일기로 그려 보세요.

아토피를 예방하려면? : 옷은 면으로 된 것을 입고 계란 흰자나 우유, 밀가루 음식을 적게 먹으면 예방할 수 있어요. 무엇보다 심해지기 전에 의사 선생님을 찾아가는 게 중요해요.

년   월   일

16일 | 3행시 일기쓰기

오늘의 3행시는 '코/리/아'. 고려 시대에 외국인들이 '고려'라는 발음을 어려워해서 '코리아'가 되었다지요? 처음엔 '코레'라고 했다가 나중에 '코리아'가 되었답니다.

코									

리									

아									

3행시 내용을 그림일기로 그려 보세요.

두음 법칙: 두음은 단어의 첫소리를 가리켜요. 첫소리에 'ㄹ'이 오면 발음하기 힘들어서 'ㄴ'이나 'ㅇ'으로 바꾸어 발음하는 것을 말해요. '코/리/아'에서 '리'는 두음 법칙을 적용해서 '이'로 발음을 시작해도 돼요(3행시에서는 '리'로 시작해도 괜찮아요).

년 월 일

17일 | 3행시 일기쓰기

고 자 질

오늘의 3행시는 '고/자/질'. 남의 잘못이나 비밀을 살짝 일러바쳤을 때 속이 후련했나요? 아니면 기분이 안 좋았나요?

고									
자									
질									

3행시 내용을 그림일기로 그려 보세요.

모탈상식

고자질하다 vs 꼰지르다 : '고자질하다'와 비슷한 말은 '꼰지르다'예요. '꼰지르다'는 국어사전에 등록된 표준어랍니다.

년 월 일

18일 | 3행시 일기쓰기

오늘의 3행시는 '순/두/부'. 막 만들어 건져 낸 순두부는 술술 부드럽게 넘어가지요. 건강에도 좋고 맛도 좋아요.

	순									
	두									
	부									

3행시 내용을 그림일기로 그려 보세요.

꼬딱상식

두부의 종류 : 콩, 물, 간수(바닷물에서 소금을 얻고 남은 물)만 있으면 두부를 만들 수 있어요. 연두부, 순두부, 막두부가 있는데, 가열하는 시간과 굳힐 때 누르는 힘에 따라 맛과 모양이 달라져요.

19일 3행시 일기쓰기

불 가 마

오늘의 3행시는 '불/가/마'. 원래는 흙으로 만든 그릇을 불로 굽는 곳이었어요. 몸을 따뜻하게 하고 싶을 때 찜질방에 있는 불가마에 가면 좋아요. 어른들은 불가마가 뜨겁지 않다고 하니 참 신기해요.

	불								
	가								
	마								

3행시 내용을 그림일기로 그려 보세요.

꼬막상식

불가마 더위 : 한여름 더위를 '불가마 더위'라고 말해요. 마치 불가마 속에 있는 것처럼 뜨거워서 참을 수 없기 때문이에요. 찜질방에서 쓰는 불가마와 비슷한 말로 '한증막', '사우나'가 있어요.

년 월 일

20일 | 3행시 일기쓰기

오늘의 3행시는 '고/양/이'. 하얀 고양이도, 까만 고양이도, 집고양이도, 들고양이도 참 예뻐요. 도도해 보이지만 야옹야옹 우는 모습이 귀엽지요. 나도 고양이 집사가 되고 싶어요.

	고									
	양									
	이									

3행시 내용을 그림일기로 그려 보세요.

꼬막상식

사자도 고양이과 동물 : 고양이과 동물로는 삵, 퓨마, 재규어, 치타, 스라소니, 표범, 사자, 호랑이가 있어요. 모두 생김새가 비슷해요.

년 월 일

21일 | 3행시 일기쓰기

오늘의 3행시는 '도/시/락'. 예전에는 학생들이 매일 점심 도시락을 싸 들고 학교에 다녔대요. 소풍 때만 먹는 도시락, 매일 먹으면 좋을 것 같아요. 하지만 그러면 엄마가 힘드시겠지요?

| 도 | | | | | | | | | |

| | | | | | | | | | |

| 시 | | | | | | | | | |

| | | | | | | | | | |

| 락 | | | | | | | | | |

| | | | | | | | | | |

3행시 내용을 그림일기로 그려 보세요.

꼬막상식

두음 법칙 : 두음은 단어의 첫소리를 가리켜요. 첫소리에 'ㄹ'이 오면 발음하기 힘들어서 'ㄴ'이나 'ㅇ'으로 바꾸어 발음하는 것을 말해요. '도/시/락'에서 '락'은 두음 법칙을 적용해서 '약'으로 발음을 시작해도 돼요(3행시에서는 '락'으로 시작해도 괜찮아요).

년 월 일

22일 | 3행시 일기쓰기

오늘의 3행시는 '자/전/거'. 아직 두발자전거를 못 타는 친구도 있나요? 한번 배워 두면 평생 가는 자전거 타기. 자전거를 타고 공원과 운동장을 한 바퀴 돌면 기분이 좋아져요.

	자									
	전									
	거									

3행시 내용을 그림일기로 그려 보세요.

일제 강점기 자전거 왕 엄복동 : 엄복동은 일제 강점기 자전거 경주 대회에서 일본 사람을 제치고 1등을 해서 조선 사람들에게 희망을 주었지요. 그래서 얼마 전 영화로도 만들어졌지만 인기를 끌지 못했어요.

23일 | 3행시 일기쓰기

소 림 사

오늘의 3행시는 '소/림/사'. 소림사는 중국의 절인데 이 절의 스님들은 무술을 잘하기로 유명해요. 달마 대사도 소림사 출신이래요. 이곳에서 무술을 수련했다고 하네요.

	소								
	림								
	사								

3행시 내용을 그림일기로 그려 보세요.

소림사와 달마대사 : 남인도 왕국의 왕자였던 달마 대사는 스님이 되어 중국으로 와서 소림사에 머물렀어요. 달마 대사가 인도 사람이라서 그렇게 부리부리하게 생긴 초상화가 많은가 봐요.

24일 | 3행시 일기쓰기

고등어

오늘의 3행시는 '고/등/어'. 고등어는 영양분이 풍부해서 기억력을 높이는 데 좋다고 해요. 생선을 싫어해도 한번 먹어 보세요. 신선한 고등어는 비린내도 별로 안 나요.

고

등

어

3행시 내용을 그림일기로 그려 보세요.

고막상식

머리에 좋은 오메가3 : 오메가3 지방산은 고등어, 참치, 견과류, 들기름에 많아요. 기억력을 향상시키고 우울증, 치매에 걸릴 확률을 낮춰 주어요. 어렸을 때부터 골고루 챙겨 먹으면 좋아요.

년 월 일

  3행시 일기쓰기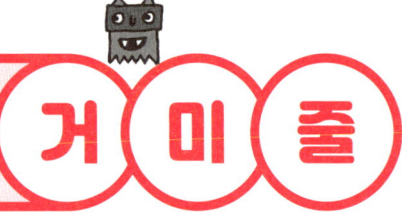

오늘의 3행시는 '거/미/줄'. 거미줄은 오랫동안 청소를 안 한 곳이나 공원, 놀이터에 가면 볼 수 있어요. 보통 보면 거미줄에는 거미가 없던데, 어디에 숨어 있는 걸까요?

	거								

	미								

	줄								

3행시 내용을 그림일기로 그려 보세요.

꼬맘상식

거미가 된 아라크네 : 그리스·로마 신화에는 옷감을 잘 짜는 아라크네가 나와요. 옷감 짜는 솜씨를 자랑하며 잘난 척하다가 아테네 여신의 저주를 받아서 거미가 되었다고 해요.

년 월 일

26일 | 3행시 일기쓰기

오늘의 3행시는 '비/둘/기'. 평화의 상징인 비둘기는 여기저기서 쉽게 만날 수 있어요. 그런데 비둘기들은 사람도 차도 안 무서워해요. 가까이 다가가도 도망가지 않는 것을 보면 조금 뻔뻔한 것 같기도 해요.

	비								
	둘								
	기								

3행시 내용을 그림일기로 그려 보세요.

비둘기가 많아진 건 88올림픽 이후? : 1988년 서울 올림픽 개막식에 하늘에 날아오른 비둘기는 총 2,400마리였어요. 24회 올림픽을 기념하느라 그렇게 날렸대요. 그때 비둘기를 날려서 이렇게 많아졌을까요? 믿거나 말거나!

년 월 일

27일 | 3행시 일기쓰기

오늘의 3행시는 '교/무/실'. 선생님들이 계시는 교무실. 선생님들이 쭉 앉아 계신 교무실에 가면 왠지 주눅이 들어요. 선생님은 교무실에서 무엇을 하실까요?

교

무

실

3행시 내용을 그림일기로 그려 보세요.

꼬막샵식

교무실과 사무실 낱말풀이 :
'학교'의 업'무'를 보는 곳은 교무실, 회'사'의 업'무'를 보는 곳은 사무실이라고 해요. 한자를 잘 알면 이렇게 낱말의 의미를 쉽게 알 수 있어요.

28일 | 3행시 일기쓰기

 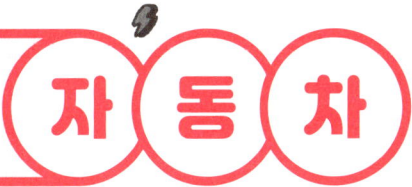

오늘의 3행시는 '자/동/차'. 자동차를 만드는 나라가 전 세계에 10개국 정도 있다고 해요. 우리나라는 세계적인 자동차 수출국이지요. 어른이 되면 어떤 자동차를 타고 싶나요?

	자								
	동								
	차								

3행시 내용을 그림일기로 그려 보세요.

자동차를 발명한 사람들
: 1769년 프랑스의 니콜라스 조셉 퀴뇨가 세계 최초로 증기 자동차를 발명했어요. 그러다 1885년 칼 벤츠가 지금의 자동차와 비슷한 가솔린 자동차를 발명했지요. 벤츠 자동차는 지금도 있어요.

년 월 일

29일 | 3행시 일기쓰기

오늘의 3행시는 '휴/지/통'. 쓰레기를 버리는 휴지통! 머릿속에 안 좋은 생각이 떠오르면 꾸깃꾸깃 구겨서 버릴 수 있는 휴지통이 있으면 좋겠어요.

| | 휴 | | | | | | | | | |

| | 지 | | | | | | | | | |

| | 통 | | | | | | | | | |

3행시 내용을 그림일기로 그려 보세요.

알쏭달쏭 분리수거 꿀팁: 반들반들 코팅된 종이는 분리수거가 되지 않아요. 플라스틱은 비닐을 꼭 제거해서 버려야 해요. 컵라면 용기가 음식물 때문에 색이 변했다면 재활용이 되지 않으니 종량제 봉투에 버려 주세요.

년 월 일

30일 | 3행시 일기쓰기

오늘의 3행시는 '아/침/밥'입니다. 오늘 아침에는 무엇을 먹었나요? 꼭 먹고 싶은 '아/침/밥'을 상상하면서 일기를 써 보세요.

아

침

밥

3행시 내용을 그림일기로 그려 보세요.

아침밥과 조식 뷔페 : 조식은 한자로 아침 '조', 먹을 '식'으로 아침밥을 말해요. 호텔의 조식 뷔페는 동양과 서양 음식이 골고루 있어서 많은 사람들이 좋아해요.

31일 | 3행시 일기쓰기

오늘의 3행시는 '심/부/름'. 부모님이 간혹 심부름을 시키면 하기 싫을 때도 있지만, 웃는 얼굴로 도와드리려고 노력해요. 심부름할 때 용돈도 주시면 더 좋을 것 같아요.

심									
부									
름									

3행시 내용을 그림일기로 그려 보세요.

두음 법칙 : 두음은 단어의 첫소리를 가리켜요. 첫소리에 'ㄹ'이 오면 발음하기 힘들어서 'ㄴ'이나 'ㅇ'으로 바꾸어 발음하는 것을 말해요. '심/부/름'에서 '름'은 두음 법칙을 적용해서 '음'으로 발음을 시작해도 돼요(3행시에서는 '름'로 시작해도 괜찮아요).

32일 | 3행시 일기쓰기

지 하 철

오늘의 3행시는 '지/하/철'. 지하철을 탈 때 출입구에 카드를 대면 삑삑 소리가 나서 재미있어요. 좀 더 자라면 혼자서 지하철을 타고 여기저기 돌아다니고 싶어요.

지

하

철

3행시 내용을 그림일기로 그려 보세요.

최초의 지하철은 어디에? : 세계 최초의 지하철은 1863년 영국 런던에 생겼어요. 우리나라에서는 1974년 서울역과 청량리역 사이를 운행하는 1호선이 최초의 지하철이었어요.

33일 | 3행시 일기쓰기

오늘의 3행시는 '초/통/령'. 초등학생 사이의 대통령이란 뜻이에요. 여러분의 마음속 대통령은 누구인가요? 한번 생각해 보세요.

	초								
	통								
	령								

3행시 내용을 그림일기로 그려 보세요.

꼬막상식

초통령은 누구? : 초통령은 매번 바뀌어요. 10년 전 초통령은 뽀로로였지만 최근엔 도티가 그 자리를 차지했어요. 다음 주자는 누구일까요?

년 월 일

34일 | 3행시 일기쓰기

오늘의 3행시는 '핫/초/코'. 카페에 가거나 편의점에 가면 초콜릿 음료를 먹는 친구들이 많아요. 여름엔 아이스초코가 좋지만 겨울에는 핫초코가 몸도 따뜻하게 해 줘서 좋아요.

	핫								
	초								
	코								

3행시 내용을 그림일기로 그려 보세요.

핫초코 짝꿍은 핫팩 : 속에 가루가 든 핫팩은 흔들면 따뜻해져요. 핫팩 속 철 성분과 산소가 결합해서 열을 내거든요. 8~12시간 동안 따뜻함을 유지하기 때문에 추운 겨울 밖에서 다닐 때 필요해요.

년 월 일

35일 | 3행시 일기쓰기

오늘의 3행시는 '김/연/아'. 김연아 선수는 2017년 초등학생이 가장 닮고 싶어 하는 인물로 뽑혔어요. 이 발표를 듣고 당시 김연아 선수는 당황하면서 엄청 웃었답니다.

김									
연									
아									

3행시 내용을 그림일기로 그려 보세요.

평창 동계 올림픽에서 우리나라의 순위는? : 동계 올림픽은 1924년 이후 4년마다 개최되는데, 2018년에는 우리나라 평창에서 열렸어요. 김연아 선수가 개막식에 등장했지요. 노르웨이가 1위, 우리나라는 7위를 차지했어요.

년 월 일

36일 | 3행시 일기쓰기

오늘의 3행시는 '손/바/닥'. 손바닥으로 손뼉을 치고 모기도 잡아요. 할머니는 내 손바닥의 손금을 보고, 앞으로 잘 될 거라며 좋은 말씀도 들려주세요. 엄마는 책 좀 보라며 손바닥으로 등짝 스매싱을 날리시네요!

	손									
	바									
	닥									

3행시 내용을 그림일기로 그려 보세요.

손금과 운명 : 동양과 서양 사람 모두 손금을 믿었어요. 그리스의 철학자 아리스토텔레스도 생명선, 두뇌선, 감정선 등 손금을 보고 운명을 예측했어요. 하지만 손금을 믿지 않는 사람도 많아요.

년 월 일

37일 | 3행시 일기쓰기

물 장 구

오늘의 3행시는 '물/장/구'. 발등으로 물 위를 장구 치듯 계속 차는 것을 말해요. 친구들과 수영장이나 계곡에서 물장구를 치면 시원하고 기분이 좋아요.

물

장

구

3행시 내용을 그림일기로 그려 보세요.

꼼짝상식

수영의 효과: 수영은 무릎이나 허리 건강에도 좋고, 심장과 폐를 튼튼하게 만들어 주어요. 혈액 순환과 두뇌 자극도 해 줘서 남녀노소 모두에게 필요한 운동이에요.

년 월 일

38일 | 3행시 일기쓰기  독 후 감

오늘의 3행시는 '독/후/감'. 책을 읽은 후 느낌이나 생각을 적은 걸 말해요. 독서 일기와 비슷해요.
책뿐만 아니라 인터넷에 올라온 글이나 동영상을 보고 글을 남겨도 좋아요.

	독									
	후									
	감									

3행시 내용을 그림일기로 그려 보세요.

독후감 공모전의 효과 : 도서관이나 기업에서 여는 공모전 일정이 궁금하다면 인터넷을 찾아보세요. 공모전에 참가하면 자연스럽게 글쓰기 실력이 좋아져요. 여기서 상을 받으면 장학금과 선물도 따라온답니다.

39일 | 3행시 일기쓰기 — 솜사탕

오늘의 3행시는 '솜/사/탕'. '엄마 손 잡고 나들이 갈 때 먹어 본 솜사탕'이라는 노래 가사를 기억하나요? 이 노래를 흥얼거리다 보니 오늘 왠지 솜사탕이 먹고 싶어요!

솜								
사								
탕								

3행시 내용을 그림일기로 그려 보세요.

솜사탕을 만드는 원리: 솜사탕 기계에 설탕을 넣는 순간 녹아서 액체가 되고 → 그 상태로 통이 회전하면 그 힘(원심력)으로 설탕이 밖으로 뿌려지고 → 그 순간 굳으면서 실처럼 변해요. 그걸 막대로 돌돌 뭉치면 솜사탕 완성!

년 월 일

40일 | 3행시 일기쓰기

오늘의 3행시는 '일/요/일'. 일요일은 쉬는 날이지만 아쉬움도 많은 날이에요. 다음 날 월요일이 시작되니까요. 그래서 사람들은 금요일을 가장 좋아해요. 토요일과 일요일에 연달아 쉬기 때문이에요.

	일									
	요									
	일									

3행시 내용을 그림일기로 그려 보세요.

요일은 언제 생겼을까? : 성경에서 하나님이 만물을 창조하고 7일째 되는 날 쉬셨다는 데서 생겼대요. 일주일의 시작을 월요일이 아닌 일요일로 두고 '일월화수목금토'에 맞춘 건 로마 시대였어요.

41일 | 3행시 일기쓰기

오늘의 3행시는 '밥/도/둑'. 밥맛을 좋게 하는 반찬에는 뭐가 있을까요? 어른들은 간장 게장, 젓갈, 굴비, 묵은지라고 하시던데……. 여러분은 어때요?

밥

도

둑

3행시 내용을 그림일기로 그려 보세요.

마파람에 게 눈 감추듯 : 게는 위험해지면 몸속으로 재빨리 눈을 숨기는데, 그 모습을 나타낸 속담이에요. 뭔가를 허겁지겁 순식간에 먹어 치울 때 사용해요.

42일 | 3행시 일기쓰기

오늘의 3행시는 '슬/라/임'. 말랑말랑한 장난감 슬라임은 액체 괴물이라고도 해요. 조물조물 만지다 보면 마음이 편안해져요. 하지만 너무 오래 가지고 놀면 몸에 안 좋다고 하니 주의하세요.

	슬								
	라								
	임								

3행시 내용을 그림일기로 그려 보세요.

두음 법칙: 두음은 단어의 첫소리를 가리켜요. 첫소리에 'ㄹ'이 오면 발음하기 힘들어서 'ㄴ'이나 'ㅇ'으로 바꾸어 발음하는 것을 말해요. '슬/라/임'에서 '라'는 두음 법칙을 적용해서 '아'로 발음을 시작해도 돼요(3행시에서는 '라'로 시작해도 괜찮아요).

년 월 일

43일 | 3행시 일기쓰기

오늘의 3행시는 '자/신/감'. 자신감은 어떤 일을 할 수 있다는 느낌을 말한답니다. 여러분은 언제 자신감이 생기나요? 뿌듯해 3행시 일기쓰기를 할 때? 아니면 언제인가요?

자										
신										
감										

3행시 내용을 그림일기로 그려 보세요.

자존심과 자존감 : 자존심은 다른 사람에게 굽실거리지 않고 내 존재의 품위를 지키려는 마음을 말해요. 자존감은 다른 사람에게 인정받는 것에만 휘둘리지 않고 자신을 존중하고 사랑하는 마음을 말해요.

년 월 일

44일 | 3행시 일기쓰기

수 영 장

오늘의 3행시는 '수/영/장'. 학교에 수영장이 있으면 참 좋을 것 같아요. 수영을 못 해도 물장구치며 놀면 정말 신나요. 생존 수영을 배우면 물에 빠져도 살아남을 수 있답니다.

	수								
	영								
	장								

3행시 내용을 그림일기로 그려 보세요.

꼬막상식

생존 수영의 종류: 생존 수영에는 여러 가지가 있어요. 새우처럼 등을 말고 손으로 무릎을 끌어안는 '새우등 쓰기' 자세, 하늘을 보고 누워 호흡하는 '누워뜨기' 자세를 떠올려 보세요. 수영을 못 해도 누구나 할 수 있어요.

년 월 일

45일 | 3행시 일기쓰기

오늘의 3행시는 '가/을/길'. 가을 날씨는 정말 상쾌해요. 하늘은 파랗고 단풍나무는 빨갛고 은행나무는 노랗고. 그래서 가을 길을 비단길이라고도 하지요.

가

을

길

3행시 내용을 그림일기로 그려 보세요.

불교가 전해진 비단길 : 비단길은 동양과 서양 사이에 물건을 사고팔기 위해 생긴 최초의 무역 길이에요. 중국의 비단을 팔기 위해 만든 길이어서 비단길(실크로드)이라고 불렀어요. 이 길을 따라 불교가 중국으로 전파되었고요.

년 월 일

46일 | 3행시 일기쓰기

줄 넘 기

오늘의 3행시는 '줄/넘/기'. 줄넘기는 키 크는 데 도움을 주는 운동이에요. 이단 뛰기(쌩쌩이), X자 뛰기, 음악 줄넘기 모두 재미있어요. 처음엔 한 개도 못 넘다가 계속 연습하면 잘하게 되지요.

| | 줄 | | | | | | | | | |

| | 넘 | | | | | | | | | |

| | 기 | | | | | | | | | |

3행시 내용을 그림일기로 그려 보세요.

줄넘기 운동의 효과 : 줄넘기는 체력을 키우는 데 좋아요. 꾸준히 하면 심장과 폐가 튼튼해지고 비만 예방에도 효과적이에요. 놀이처럼 할 수 있어서 스트레스를 푸는 데도 도움이 된답니다.

년 월 일

47일 | 3행시 일기쓰기

오늘의 3행시는 '신/호/등'. 신호등이 없는 곳은 건너기가 무서워요. 요즘엔 파란색 불이 켜진 뒤 빨간불로 바뀌기 전에 얼마나 남았는지 알려 주어서 좋아요.

	신								
	호								
	등								

3행시 내용을 그림일기로 그려 보세요.

꼬마상식

안내견은 신호등을 구분할까? : 개는 색을 구분할 수 없어요. 시각 장애인은 주변 사람들이 길을 건너는 것을 귀로 듣고 확인하면 그제야 안내견에게 건너자고 지시하지요. 안내견은 함부로 만지면 안 되는 것, 잘 알고 있지요?

년 월 일

48일 | 3행시 일기쓰기

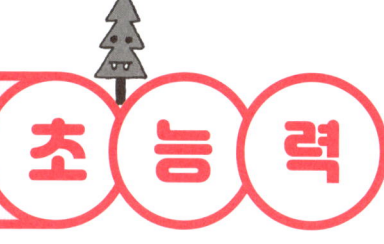

오늘의 3행시는 '초/능/력'. 아이언맨, 엑스맨, 스파이더맨처럼 초능력이 생긴다면 어떨까요? 어벤져스 멤버가 되면 하늘을 날아갈 듯이 기분이 좋을 것 같아요!

	초									
	능									
	력									

3행시 내용을 그림일기로 그려 보세요.

두음 법칙 : 두음은 단어의 첫소리를 가리켜요. 첫소리에 'ㄹ'이 오면 발음하기 힘들어서 'ㄴ'이나 'ㅇ'으로 바꾸어 발음하는 것을 말해요. '초/능/력'에서 '력'은 두음 법칙을 적용해서 '역'으로 발음을 시작해도 돼요(3행시에서는 '력'으로 시작해도 괜찮아요).

년 월 일

49일 | 3행시 일기쓰기

오늘의 3행시는 '이/순/신'. 이순신 장군은 거북선을 만들고 단 열두 척의 배로 일본을 물리친 영웅이에요. 《난중일기》에 어떻게 싸우고 이겼는지 기록했지요. 우리는 3행시 일기로 기록해 봐요.

	이									
	순									
	신									

3행시 내용을 그림일기로 그려 보세요.

유럽도 연구하는 《난중일기》 : 《난중일기》는 임진왜란부터 노량 해전 전까지 전쟁을 벌인 기록을 담았어요. 유럽에서는 바다에서 싸우는 해전을 연구하는 자료로 사용하고 있어요. 1972년 국보로 지정되었답니다.

년 월 일

50일 | 3행시 일기쓰기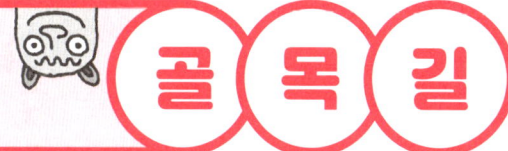

오늘의 3행시는 '골/목/길'. 큰길에서 동네 안으로 들어가는 좁은 길을 말해요. 요즘은 골목길이 점점 없어지고 있어요. 하지만 서울 강북의 북촌, 익선동에는 아직 골목길이 남아 있지요.

	골								
	목								
	길								

3행시 내용을 그림일기로 그려 보세요.

조선 시대의 강남은 북촌? : 경복궁과 창덕궁 사이에 있는 북촌은 풍수지리적으로 좋은 땅이었어요. 최고의 세력가들이 모여 살았고, 남산의 경치가 잘 보여서 사람들이 누구나 살고 싶어 하는 곳이었어요.

년 월 일

51일 | 3행시 일기쓰기

오늘의 3행시는 '힘/자/랑'. 밥 많이 먹고 건강해져 힘이 세지면 친구들에게 자랑하고 싶지요. 그런 친구들은 알통을 보이며 교실 구석에서 팔씨름을 하고 놀아요. 3행시에서는 '랑', '앙' 둘 다 처음에 와도 괜찮아요.

힘

자

랑

3행시 내용을 그림일기로 그려 보세요.

팔씨름 대회 상금은?: 러시아와 캐나다에서는 팔씨름 대회가 크게 열려요. 우리나라 팔씨름 대회도 총 상금이 1,000만 원이 넘어요. 프로 팔씨름꾼으로는 홍지승, 백승열, 하제용 선수가 있어요.

52일 | 3행시 일기쓰기

오늘의 3행시는 '탕/수/육'. 탕수육을 먹을 때면 소스를 찍어 먹는 '찍먹파', 소스를 부어 먹는 '부먹파'로 나뉘어요. 끝나지 않는 이 팽팽한 대립에서 여러분은 어느 쪽인가요?

	탕								
	수								
	육								

3행시 내용을 그림일기로 그려 보세요.

탕수육 소스 만들기: 물 1컵 반(300ml), 간장 4큰술, 식초 6큰술, 설탕 6큰술, 전분물 2큰술을 넣어서 끓이면 중국집 탕수육 소스 완성! 여기에 저마다 좋아하는 채소를 넣으면 더 맛있지요.

년 월 일

53일 | 3행시 일기쓰기

오늘의 3행시는 '장/난/감'. 생일이나 어린이날, 크리스마스 때 선물로 장난감을 받으면 정말 기뻐요. 갖고 싶은 장난감이 너무 비싼데, 용돈을 모아서 산다고 하면 부모님이 허락해 주실까요?

장								
난								
감								

3행시 내용을 그림일기로 그려 보세요.

꼬맹상식

크리스마스의 뜻은? : 크리스마스는 예수님의 탄생일이에요. 크라이스트(구원자)와 매스(메시아)를 합친 말로 예수님을 뜻해요.

54일 | 3행시 일기쓰기

오늘의 3행시는 '홍/길/동'. 홍길동은 나쁜 사람의 재물을 빼앗아 가난한 사람들에게 나눠 주었어요. 오랑캐도 무찔렀고요. 그런데 왜 아버지를 아버지라고 부르지 못했을까요?

홍

길

동

3행시 내용을 그림일기로 그려 보세요.

최초의 한글 소설은? : 《홍길동전》은 우리나라 최초의 한글 소설이에요. 이 소설을 쓴 허균은 초당두부로 유명한 강릉에서 태어났어요. 여동생 허난설헌의 시도 유명해요. 홍길동은 첩의 자식으로 태어난 탓에 양반인 자신의 아버지를 아버지라고 부르지 못했어요.

55일 | 3행시 일기쓰기

오늘의 3행시는 '결/혼/식'. 부모님의 결혼식은 어땠을까요? 신부는 왜 웨딩드레스를 입을까요? 나도 언젠가 커서 결혼을 하게 될까요?

결									
혼									
식									

3행시 내용을 그림일기로 그려 보세요.

꼬막살식

한국의 전통 혼례복은? : 신랑은 관리가 입는 옷과 사모를 쓰고 검은 나무 신을 신어요. 여자는 치마저고리에 공주가 입는 활옷을 입고 족두리를 써요. 옛날에는 혼례 때 보통 사람들이 신분 높은 사람들의 옷을 입을 수 있도록 허락해 주었답니다.

년 월 일

56일 | 3행시 일기쓰기

오늘의 3행시는 '상/상/력'. 상상력은 실제로 벌어지지 않은 일을 머릿속으로 그리는 능력을 말해요. 그런데 상상만 하던 일이 현실로 짜잔! 하고 나타나면 놀랄 것 같아요.

	상									
	상									
	력									

3행시 내용을 그림일기로 그려 보세요.

상상력을 키우려면? : 인터넷과 동영상을 보며 상상력을 키우는 것은 누가 떠먹여 주는 밥을 먹는 것과 같아요. 내가 스스로 몸을 움직여서 책을 읽고 글을 쓰고 그림을 그리거나 만들기를 해야 제대로 된 상상력을 기를 수 있어요.

년 월 일

57일 | 3행시 일기쓰기

오늘의 3행시는 '운/동/장'. 운동장은 체육 활동을 하기 위해 만들어진 큰 마당을 말해요. 학교 운동장에서 피구, 야구, 축구 등 공놀이를 할 때면 정말 즐거워요.

	운									
	동									
	장									

3행시 내용을 그림일기로 그려 보세요.

꼬박살식

어른들이 좋아한 〈피구왕 통키〉: 초등학생 통키가 피구 선수였던 아버지의 뒤를 이어 피구왕이 된다는 이야기의 만화예요. 만화 영화로도 나왔는데, 당시 피구 열풍이 대단했다고 해요.

58일 | 3행시 일기쓰기

오늘의 3행시는 '군/것/질'. 삼시 세끼 말고 군것질로 과자나 케이크, 떡볶이를 먹으면 기분이 좋아져요. 여러분이 가장 좋아하는 군것질거리는 무엇인가요?

군

것

질

3행시 내용을 그림일기로 그려 보세요.

군것질과 주전부리: 군것질과 비슷한 말은 주전부리예요. 주전부리를 자주 먹으면 입맛이 떨어지고 밥 먹기가 싫어지니까 너무 많이 먹지 않기로 해요.

년 월 일

59일 | 3행시 일기쓰기

오늘의 3행시는 '알/림/장'. 숙제, 준비물 등 선생님께서 전달해 주시는 내용을 알림장에 써야 까먹지 않아요. 그런데 알림장 글씨가 반듯하지 않고 지렁이처럼 기어가네요. 집에 빨리 가고 싶어서 그런 걸까요? 3행시에서는 '림', '임' 둘 다 처음에 와도 괜찮아요.

	알									
	림									
	장									

3행시 내용을 그림일기로 그려 보세요.

알림장의 효과 : 요즘은 단톡방에 공지사항을 올리면서 알림장이 점점 사라져 가요. 하지만 초등학교 저학년은 손글씨 연습을 하거나 국어 실력을 기르기 위해 알림장이 필요해요.

60일 | 3행시 일기쓰기

엉덩이

오늘의 3행시는 '엉/덩/이'. 게임 벌칙으로 엉덩이 이름 쓰기를 해 본 적이 있나요? 엉덩이 모양의 얼굴을 한 '엉덩이 탐정'도 요즘 인기가 많아요. 아, 생각만 해도 웃겨요!

	엉							
	덩							
	이							

3행시 내용을 그림일기로 그려 보세요.

세계 최초의 추리 소설은?
: 추리 소설은 추리를 통해 사건을 해결하는 소설을 말해요. 세계 최초의 추리 소설은 《모르그 가의 살인 사건》이에요. 베스트셀러 《엉덩이 탐정》도 범죄 사건을 해결하므로 추리 소설에 속해요.

61일 | 3행시 일기쓰기

오늘의 3행시는 '개/구/리'. 개구리는 비가 오면 개굴개굴 노래를 불러요. 어른들은 가끔 내가 뭐든지 반대로 하는 청개구리 같다고 놀려요.

개

구

리

3행시 내용을 그림일기로 그려 보세요.

두음 법칙 : 두음은 단어의 첫소리를 가리켜요. 첫소리에 'ㄹ'이 오면 발음하기 힘들어서 'ㄴ'이나 'ㅇ'으로 바꾸어 발음하는 것을 말해요. '개/구/리'에서 '리'는 두음 법칙을 적용해서 '이'로 발음을 시작해도 돼요(3행시에서는 '리'로 시작해도 괜찮아요).

62일 | 3행시 일기쓰기 | 제 주 도

오늘의 3행시는 '제/주/도'. 비행기를 타고 제주도에 가는 것을 상상만 해도 가슴이 두근두근 뛰어요. 제주도는 여름에 가도 좋고 겨울에 가도 좋아요. 어디서든 바다가 보이니까요.

	제								
	주								
	도								

3행시 내용을 그림일기로 그려 보세요.

꼬맘상식

제주도는 유네스코 세계유산 : 제주도는 화산 활동으로 생긴 섬이에요. 용암 동굴은 유네스코 세계 유산에 올랐어요. 제주도의 작은 화산은 '오름'이라고 부른답니다.

63일 | 3행시 일기쓰기

케 이 크

오늘의 3행시는 '케/이/크'. 생일 축하 노래를 부르며 초를 끄면 참 기분이 좋아요. 달콤한 케이크를 먹으면 행복하지요. 너무 먹고 싶을 때는 조각 케이크라도 사 달라고 하고 싶어요.

케

이

크

3행시 내용을 그림일기로 그려 보세요.

케이크의 유통기한 : 케이크는 산 날로부터 대략 3일 정도 안에 다 먹어야 해요. 케이크의 재료인 우유와 생크림을 오래 보관하면 안 되기 때문이에요. 그날 안에 다 먹는 게 좋지만, 남는 건 꼭 냉장고에 보관해야 해요.

64일 | 3행시 일기쓰기

개 인 기

오늘의 3행시는 '개/인/기'. 성대모사, 노래, 춤, 악기 연주 등 개인기가 있는 친구를 보면 무척 부러워요. 이번에 개인기를 한번 개발해 보면 어때요?

	개									
	인									
	기									

3행시 내용을 그림일기로 그려 보세요.

꼬박상식

누가 누가 잘하나 장기자랑 : 장기자랑은 여럿이 모인 자리에서 누가 더 재주가 있는지 겨루는 것을 말해요. 지금의 개인기를 뽐내는 것과 비슷해요. 장끼자랑(×)으로 쓰지 말고 장기자랑(○)으로 써야 해요.

년 월 일

65일 | 3행시 일기쓰기

모 래 성

오늘의 3행시는 '모/래/성'. 모래로 성을 쌓으면 파도가 몰려와 스르르 무너뜨려요. 뜨거운 여름, 해수욕장에서 모래를 파고 속에 들어가 누워 있으면 시원하지요. 지금 모래로 만들고 싶은 게 있나요?

모

래

성

3행시 내용을 그림일기로 그려 보세요.

꼬마상식

두음 법칙 : 두음은 단어의 첫소리를 가리켜요. 첫소리에 'ㄹ'이 오면 발음하기 힘들어서 'ㄴ'이나 'ㅇ'으로 바꾸어 발음하는 것을 말해요. '모/래/성'에서 '래'는 두음 법칙을 적용해서 '애'로 발음을 시작해도 돼요(3행시에서는 '래'로 시작해도 괜찮아요).

66일 | 3행시 일기쓰기

오늘의 3행시는 '대/청/소'. 어른들을 보면 신기해요. 매일 청소하는데 또 대청소를 하신다고 하니까요. 내가 보기엔 별로 안 지저분한데…. 그래도 청소를 마치면 기분이 좋아지는 건 사실이에요.

	대									
	청									
	소									

3행시 내용을 그림일기로 그려 보세요.

최초의 로봇 청소기는? : 스웨덴의 일렉트로룩스 회사가 1997년 최초로 로봇 청소기를 만들었어요. 지금은 여러 회사에서 로봇 청소기를 만드는데 가정용, 유리창용, 수영장용 로봇 청소기도 등장했어요.

년 월 일

67일 | 3행시 일기쓰기

오늘의 3행시는 '햄/버/거'. 불고기 버거, 치킨 버거, 스테이크 버거 다 먹고 싶어요. 햄버거는 고기와 채소를 함께 먹을 수 있어서 좋아요. 가끔 엄마 몰래 채소를 빼놓고 먹긴 하지만요.

	햄									

	버									

	거									

3행시 내용을 그림일기로 그려 보세요.

꼬마상식

햄버거는 독일 음식? : 햄버거는 독일 이민자들이 미국으로 들어오면서 널리 퍼진 음식이에요. 독일어 '함부르크'에서 이름을 따왔다고 해요. 미국의 맥도날드는 이 햄버거를 세계적인 음식으로 만들었답니다.

년 월 일

68일 | 3행시 일기쓰기

오늘의 3행시는 '우/체/국'. 예전에는 모두 손편지에 우표를 붙여서 우체국을 통해 주고받았대요. 돌아오는 어버이날에는 손편지를 써서 부모님께 드리면 어떨까요?

우

체

국

3행시 내용을 그림일기로 그려 보세요.

꼬마상식

조선 시대의 우체국은? : 국내 최초의 우체국은 고종 때 생긴 우정총국이에요. 우정총국은 1950년 한국 전쟁 직후 우체국이란 이름으로 바뀌었어요. 지금은 편지를 배달하는 일뿐만 아니라 은행이 하는 일도 함께 해요.

69일 | 3행시 일기쓰기

책 가 방

오늘의 3행시는 '책/가/방'. 학교에서 돌아온 다음 책가방을 한 번도 안 열어 봤다고요? 앗, 그것도 일주일째? 음, 초등학생 맞나요. 왠지 의심이…….

책

가

방

3행시 내용을 그림일기로 그려 보세요.

가방과 봇짐 : 옛날에는 가방이 따로 없어서 보자기에 물건을 싸서 등에 지고 다녔어요. 이것을 '봇짐'이라고 해요. 같은 말로 '괴나리봇짐'이라고도 해요.

70일 | 3행시 일기쓰기

비 행 기

오늘의 3행시는 '비/행/기'. 비행기를 타고 하늘을 날아가는 것은 생각만 해도 신나요. 공항에 가기만 해도 설레어 가슴이 두근두근 뛰지요.

	비								
	행								
	기								

3행시 내용을 그림일기로 그려 보세요.

세계 최초의 비행기는? : 1903년 라이트 형제가 만든 플라이어호가 세계 최초의 비행기예요. 첫 비행은 동생인 오빌 라이트가 했는데 12초 동안 하늘을 날았어요.

71일 | 3행시 일기쓰기

오늘의 3행시는 '멋/쟁/이'. 옷을 잘 입는 사람, 공부를 잘하는 사람, 말을 잘하는 사람 모두 멋져요. 멋장이(×)가 아니라 멋쟁이(○)라고 써야 해요.

	멋									
	쟁									
	이									

3행시 내용을 그림일기로 그려 보세요.

멋쟁이란 이름의 새 : 참새목에 속하는 새예요. 몸길이가 15cm 정도이고, 우리나라에는 겨울에 날아오는 겨울 철새랍니다. 한번 찾아보세요. 참 예쁘게 생겼어요.

72일 | 3행시 일기쓰기

핸 드 폰

오늘의 3행시는 '핸/드/폰'. 핸드폰은 한번 시작하면 시간 가는 줄 몰라요. 너무 재미있어서 자꾸자꾸 빠져들어요. 엄마, 아빠는 내가 핸드폰만 만지면 싫어할까요?

	핸									
	드									
	폰									

3행시 내용을 그림일기로 그려 보세요.

핸드폰은 콩글리시: 콩글리시는 한국식으로 하는 영어를 말해요. 스마트폰이 올바른 이름이지요. 외국에서는 핸드폰이라고 하면 사람들이 못 알아들어요. '모바일폰', '셀폰'이라고 해요.

73일 | 3행시 일기쓰기 | 그 림 책

오늘의 3행시는 '그/림/책'. 잠들기 전 부모님이 읽어 주신 그림책 중에 가장 기억에 남는 책은 무엇인가요? 지금도 가지고 있나요?

	그									
	림									
	책									

3행시 내용을 그림일기로 그려 보세요.

두음 법칙 : 두음은 단어의 첫소리를 가리켜요. 첫소리에 'ㄹ'이 오면 발음하기 힘들어서 'ㄴ'이나 'ㅇ'으로 바꾸어 발음하는 것을 말해요. '그/림/책'에서 '림'은 두음 법칙을 적용해서 '임'으로 발음을 시작해도 돼요(3행시에서는 '림'으로 시작해도 괜찮아요).

년 월 일

74일 | 3행시 일기쓰기

오늘의 3행시는 '선/생/님'. 학교 선생님, 학습지 선생님, 태권도 선생님, 피아노 선생님. 우리 주변에는 선생님이 참 많아요. 여러분은 어떤 선생님이 제일 기억에 남았나요?

선

생

님

3행시 내용을 그림일기로 그려 보세요.

세종 대왕 탄신일과 날짜가 같은 스승의 날 : 스승의 날은 세종 대왕 탄신일에서 가져왔어요. 세종 대왕은 우리 민족에게 한글을 만들어 주고 가르침을 주신 스승과도 같은 왕이니까요. 예쁜 손편지를 써서 선생님께 감사의 마음을 표현해 보세요.

년 월 일

75일 | 3행시 일기쓰기

오늘의 3행시는 '초/등/생'. 가끔 초딩이라고 부르며 놀리는 사람들이 있어서 기분이 나쁘다고요? 그럴 때마다 어서 빨리 어른이 되고 싶다고요?

초

등

생

3행시 내용을 그림일기로 그려 보세요.

꼬락상식

초딩 VS 국딩 : 예전에는 초등학교를 국민학교라고 했대요. 그런데 국민학교는 일제강점기 때 쓰던 말이라 1995년에 초등학교로 바뀌었어요. 국민학교에 다녔던 사람들은 국딩이라고 불러야겠어요.

76일 | 3행시 일기쓰기

연 예 인

오늘의 3행시는 '연/예/인'. TV에 나오는 연예인을 실제로 보면 참 신기해요. 사인해 달라고 한번 부탁해 볼까요? 연예인은 노래와 춤, 연기를 잘해서 멋진 것 같아요.

연

예

인

3행시 내용을 그림일기로 그려 보세요.

꼬막상식

초등학생의 장래 희망은? : 1위는 운동선수, 2위는 교사, 3위는 유튜브 크리에이터, 4위는 의사래요. 연예인 자리를 유튜브 크리에이터가 차지했어요(2019년 기준).

년 월 일

77일 | 3행시 일기쓰기

오늘의 3행시는 '생/일/날'. 생일날에는 기분이 좋아요. 학교에 가면 친구들이 축하해 주니까요. 하지만 휴일에 생일을 맞으면 친구들을 못 만나서 섭섭해요. 그런 날에는 가족들과 함께 생일을 축하해요.

	생									
	일									
	날									

3행시 내용을 그림일기로 그려 보세요.

꼬마상식

특별한 생일잔치, 환갑: 만 60세 생일을 환갑이라고 해요. 환갑은 회갑과 같은 말이에요. 예전에는 수명이 짧아서 환갑만 지나도 오래 살았다고 했어요. 요즘은 70세 생일인 칠순 잔치를 크게 열어요.

78일 | 3행시 일기쓰기

오늘의 3행시는 '전/학/생'. 다른 학교로 전학 간 경험이 있나요? 전학을 가면 새로운 환경에서 새 친구를 사귀어야 하니 스트레스가 많을 것 같아요.

| | 전 | | | | | | | | |

| | | | | | | | | | |

| | 학 | | | | | | | | |

| | | | | | | | | | |

| | 생 | | | | | | | | |

| | | | | | | | | | |

3행시 내용을 그림일기로 그려 보세요.

맹자가 세 번 전학 간 이유 : 맹자의 어머니는 자식 교육을 위해 무덤 → 시장 → 서당으로 세 번이나 이사했어요. 교육 환경을 그만큼 중요하게 여겼기 때문이에요. 이것을 '맹모삼천지교'라고 해요.

년 월 일

79일 | 3행시 일기쓰기

오늘의 3행시는 '흰/우/유'. 우유를 많이 마시면 키가 쑥쑥 큰대요. 그런데 흰 우유 대신 초코 우유, 딸기 우유로 바꿔 먹으면 안 될까요?

	흰								
	우								
	유								

3행시 내용을 그림일기로 그려 보세요.

꼬마상식

우유의 효과: 뇌혈관 건강에 도움을 주고 단백질과 칼슘을 제공해요. 우유 속에 든 젖산 성분은 피부를 촉촉하게 만들어 주어요. 하지만 우유를 마시면 속이 불편해서 꼬르륵 소리가 나는 사람도 많아요.

094

년 월 일

80일 | 3행시 일기쓰기

유 치 원

오늘의 3행시는 '유/치/원'. 유치원부터 초등학교까지 함께 다니는 친구가 있나요? 유치원에 다닐 때가 좋았나요? 초등학교에 다니는 지금이 좋은가요?

유

치

원

3행시 내용을 그림일기로 그려 보세요.

고학상식

유치원은 누가 만들었을까?
: 1840년 유치원을 최초로 만든 사람은 독일의 프뢰벨이에요. 프뢰벨은 어린이의 집을 의미하는 유치원이란 말도 만들었어요.

81일 | 3행시 일기쓰기

오늘의 3행시는 '도/서/관'. 도서관은 학교에도 있고, 집 주변에도 있어요. 아주 큰 도서관에는 책이 정말 많아요. 친구들과 함께 근처 도서관에 가 보는 건 어떨까요?

도									
서									
관									

3행시 내용을 그림일기로 그려 보세요.

꼬박상식

세계 최대 규모였던 도서관 : 이집트의 알렉산드리아 도서관은 옛날에 세계 최대 규모였어요. 책이 70만 권이나 있었다고 해요. 책이 귀중한 시대라서 세계의 학자들이 이곳으로 모여들었대요.

년 월 일

82일 | 3행시 일기쓰기

오늘의 3행시는 '오/천/원'. 초등학생의 일주일 평균 용돈은 오천 원이라고 해요. 군것질을 자주 하는 친구에게는 좀 부족할 것 같고, 그렇지 않은 친구에게는 넉넉할 것 같아요.

| 오 | | | | | | | | | |

| 천 | | | | | | | | | |

| 원 | | | | | | | | | |

3행시 내용을 그림일기로 그려 보세요.

용돈의 뜻: 개인이 자유롭게 쓸 수 있는 돈을 말해요. 어린이든 어른이든 용돈이 필요해요. 초등학교 때부터 용돈기입장을 쓰면 어른이 되어서도 절약 및 저축하는 습관이 몸에 배어서 좋아요.

년 월 일

83일 | 3행시 일기쓰기

화 장 실

오늘의 3행시는 '화/장/실'. 아빠는 화장실에서 면도를, 엄마는 화장을 해요. 나는 화장실에 몰래 스마트폰을, 아니 책을 들고 들어가요.

	화									
	장									
	실									

3행시 내용을 그림일기로 그려 보세요.

화장실과 해우소 : 절(사찰)에서 화장실을 가리키는 말이에요. 한자로 풀 '해', 근심 '우', 장소 '소'라는 뜻이에요. 즉, 근심을 푸는 곳이란 뜻이지요. 정말 이름을 잘 지은 것 같아요.

84일 | 3행시 일기쓰기 | 영화관

오늘의 3행시는 '영/화/관'. 서양식 뻥튀기 '팝콘'을 들고 좋아하는 영화를 보면 정말 행복해요. 특히 달콤한 캐러멜 팝콘의 맛은 정말 예술이에요!

영

화

관

3행시 내용을 그림일기로 그려 보세요.

우리나라 최초의 영화는? : 우리나라 최초의 영화는 1919년 김도산이 만든 〈의리적 구토〉예요. 세계 최초의 영화는 1895년 프랑스의 뤼미에르 형제가 만든 〈열차의 도착〉이지요.

85일 | 3행시 일기쓰기 | 청 와 대

오늘의 3행시는 '청/와/대'. 청와대는 우리나라 대통령이 사는 곳이에요. '푸른색 기와집'이라는 뜻이지요. 온라인으로 청와대 관람 신청을 하면 누구나 구경할 수 있어요.

	청								
	와								
	대								

3행시 내용을 그림일기로 그려 보세요.

꼬락상식

청와대를 관람하려면? : 관람 10일 전까지 청와대 홈페이지에서 예약 신청을 해야 해요. 토요일은 10명 이하만 관람이 가능하고, 정해진 장소에서만 사진을 찍어야 해요.

년 월 일

86일 | 3행시 일기쓰기

오늘의 3행시는 '소/방/관'. 위험한 상황이 닥치면 슈퍼맨처럼 나타나 사람들을 도와주는 공무원이에요. 불이 나면 119에 전화하기, 다들 알고 있지요? 11월 9일은 소방의 날이랍니다.

소

방

관

3행시 내용을 그림일기로 그려 보세요.

금화도감은 조선 시대의 소방서 : 우리나라 최초의 소방서는 조선 시대 세종 대왕 때 만든 '금화도감'이에요. 조선이 생긴 뒤 전국 방방곡곡에 불이 많이 나서 만들었대요.

87일 | 3행시 일기쓰기

오늘의 3행시는 '편/의/점'. 편리하게 이용하라는 뜻으로 지어진 이름이랍니다. 편의점에서 파는 1+1 과자는 놓칠 수 없는 아이템이지요. 2+1도 놓칠 수 없어요.

편

의

점

3행시 내용을 그림일기로 그려 보세요.

세계 최초의 편의점은? :
1927년 미국 텍사스주의 사우스랜드 제빙회사가 최초의 편의점을 세웠어요. 우리나라 최초의 편의점은 1982년 약수동에 생긴 롯데세븐(현재 세븐일레븐)이랍니다.

88일 | 3행시 일기쓰기

오늘의 3행시는 '만/화/책'. 글자만 있는 책을 읽으려면 졸려요. 하지만 만화책은 재미있어요. 역사와 과학 만화책을 보다 보면 아는 게 많아져서 좋아요.

만

화

책

3행시 내용을 그림일기로 그려 보세요.

한국은 웹툰 강국 : 웹툰은 인터넷에서 연재하는 만화를 말해요. 한국의 기술력과 만화가 만나 만들어졌어요. 한국의 웹툰은 미국과 일본에서도 수출 돌풍을 일으키고 있어요. 여러분이 좋아하는 웹툰은 무엇인가요?

년 월 일

89일 | 3행시 일기쓰기

오늘의 3행시는 '태/권/도'. 어릴 때부터 발차기를 하면 키가 커진대요. 흰띠→노랑띠→파랑띠→빨강띠→검정띠 순서로 올라가지요. 국기원에 가서 승급 심사를 받아야 한답니다.

	태							
	권							
	도							

3행시 내용을 그림일기로 그려 보세요.

꼬막상식

국기원이 하는 일? : 국기원은 1972년 태권도를 관리하고 널리 퍼뜨리기 위해 만들어진 곳이에요. 세계 태권도 선수권 대회를 개최해요. 이곳에서 승급 심사를 받지요.

90일 | 3행시 일기쓰기

오늘의 3행시는 '백/만/원'. 정말 큰돈이지요? 백만 원이 생기면 무엇을 하고 싶나요? 혹시 이 돈으로 가족과 친구들에게 선물하고 싶은 것이 있나요?

백

만

원

3행시 내용을 그림일기로 그려 보세요.

어린이 통장 만들기 : 어린이도 통장을 만들 수 있어요. 만 12세가 넘으면 부모님과 함께 통장을 만들 수 있고, 만 14세가 넘은 후에는 필요한 서류를 갖고 가면 통장과 연결해서 쓰는 카드도 만들 수 있어요.

| 년 | 월 | 일 |

91일 | 3행시 일기쓰기

백 악 관

오늘의 3행시는 '백/악/관'. 백악관은 미국 대통령이 사는 곳이에요. 200여 년 전 독립 전쟁 후 흰색 페인트로 덧칠하면서 화이트하우스가 되었는데, 우리나라에서는 백악관이라고 불러요.

백

악

관

3행시 내용을 그림일기로 그려 보세요.

모락상식

백악관이 있는 도시는? : 백악관은 미국의 수도인 워싱턴 D.C.에 있어요. 이곳도 청와대처럼 예약 후 자유롭게 관람할 수 있어요. 백악관 앞에는 넓은 잔디가 있어서 평화로워 보이지요. 크리스마스에는 멋진 트리도 세워 놓는답니다.

92일 | 3행시 일기쓰기 | 뽀 로 로

오늘의 3행시는 '뽀/로/로'. 뽀로로의 별명은 뽀통령이래요. 그만큼 어린이들에게 인기가 많아요. 그런데 뽀로로의 부모님은 누구일까요? 한 번도 본 적이 없으니 궁금하네요.

뽀									
로									
로									

3행시 내용을 그림일기로 그려 보세요.

두음 법칙 : 두음은 단어의 첫소리를 가리켜요. 첫소리에 'ㄹ'이 오면 발음하기 힘들어서 'ㄴ'이나 'ㅇ'으로 바꾸어 발음하는 것을 말해요. '뽀/로/로'에서 '로'는 두음 법칙을 적용해서 '오'로 발음을 시작해도 돼요(3행시에서는 '로'로 시작해도 괜찮아요).

년 월 일

93일 | 3행시 일기쓰기

오늘의 3행시는 '메/뚜/기'. 옛날에는 메뚜기를 튀겨서 먹었다고 해요. 메뚜기 하면 개그맨 유재석이 생각이 나요. 이모는 메뚜기처럼 엎드려서 하는 요가 자세가 생각난대요.

메								
뚜								
기								

3행시 내용을 그림일기로 그려 보세요.

곤충은 미래 식량? : 2050년이 되면 인구는 늘고 식량은 모자란대요. 그래서 유엔식량농업기구에서는 곤충을 고단백 미래 영양식으로 꼽았어요. 하지만 징그러워서인지 식량으로 먹으려는 사람은 아직 많지 않아요.

94일 | 3행시 일기쓰기

뼈 다 귀

오늘의 3행시는 '뼈/다/귀'. 뼈를 뜻하는 말이에요. 뼈보다는 왠지 '뼈다귀'라고 말할 때 입에 착착 감겨요. 뼈다귀 감자탕을 먹어 본 적이 있나요? 맵지만 정말 맛있답니다.

| | 뼈 | | | | | | | | | |

| | | | | | | | | | | |

| | 다 | | | | | | | | | |

| | | | | | | | | | | |

| | 귀 | | | | | | | | | |

| | | | | | | | | | | |

3행시 내용을 그림일기로 그려 보세요.

감자탕은 왜 감자탕일까?: 돼지 등뼈에 든 척수를 '감자'라고 해요. 하지만 감자를 넣고 끓인다고 해서 감자탕이라고 이해하는 사람이 많아요. 1899년 경인선 철도공사 때 생긴 음식이라는 얘기가 전해져요.

95일 | 3행시 일기쓰기

오늘의 3행시는 '새/우/깡'. 40년 넘게 팔리고 있는 과자예요. 새우깡에는 정말 새우가 들어 있을까요? (속닥속닥 : 새우깡 한 봉지당 새우가 4~5마리 들어간대요.)

새

우

깡

3행시 내용을 그림일기로 그려 보세요.

깡의 뜻 : 깡은 악착같이 버티는 기운을 말해요. '강단'이 있다는 말이 '깡다구'로 변한 뒤 '깡'으로 남았어요. 가수 비의 '깡'이라는 노래가 인기를 끌면서 1일 1깡이라는 유행어도 생겼답니다.

96일 | 3행시 일기쓰기

코 딱 지

오늘의 3행시는 '코/딱/지'. 코딱지를 먹으면 면역력이 높아진다는 게 정말일까요? 결론은 가짜 뉴스랍니다. 코딱지, 이제 먹지 마세요!

코

딱

지

3행시 내용을 그림일기로 그려 보세요.

코딱지가 생기는 이유 : 콧구멍에 콧물과 먼지가 섞여서 말라붙은 게 코딱지예요. 먼지가 많을수록 코딱지도 많아져요. 비염이 생기면 콧물과 코딱지가 더 많아져서 치료가 필요해요.

97일 | 3행시 일기쓰기  짜 장 면

오늘의 3행시는 '짜/장/면'. 얼마 전까지만 해도 '자장면'으로 써야 했대요. 하지만 지금은 짜장면과 자장면, 둘 다 쓸 수 있어요. 자장면보다는 짜장면이 왠지 더 맛있을 것 같아요.

짜

장

면

3행시 내용을 그림일기로 그려 보세요.

짜장면 소스는 춘장: 짜장면의 색깔이 까만 이유는 중국식 된장인 춘장을 넣었기 때문이에요. 춘장은 콩을 재료로 만들고 캐러멜 소스를 넣어 발효시켜 만들어요. 우리나라 된장은 소금물에 담가 발효시켜 만들지요.

98일 | 3행시 일기쓰기

오늘의 3행시는 '껍/데/기'. 여름 방학 동해 바닷가에서 주워 온 조개껍데기로 팔찌를 만들면 정말 예뻐요. 어른들은 돼지 껍데기를 자주 구워 드시던데, 맛이 어떤지 궁금해요!

껍

데

기

3행시 내용을 그림일기로 그려 보세요.

꼬막상식

돼지 껍데기는 콜라겐 덩어리? : 돼지 껍데기와 닭발에는 콜라겐이 많아서 피부 미용에 좋다는 이야기가 있어요. 하지만 콜라겐은 많아도 우리 몸에 흡수가 잘 되지 않아서, 많이 먹을수록 피부가 좋아진다는 얘기가 100% 맞지는 않아요.

99일 | 3행시 일기쓰기

오늘의 3행시는 '뻥/튀/기'. 뻥튀기는 옥수수나 쌀을 튀긴 한국 전통 과자예요. 예전에는 뻥튀기를 만드는 아저씨가 계셨대요. "뻥이요!" 하고 소리를 지르면 모두 귀를 막곤 했대요.

	뻥									
	튀									
	기									

3행시 내용을 그림일기로 그려 보세요.

한국의 전통 과자는 한과 : 한과는 과일과 곡물을 꿀로 뭉쳐서 만들어요. 한과에 관한 가장 오래된 기록은 《삼국유사》의 〈김유신전〉에서 찾을 수 있어요. 한과는 제사상에도 올라간답니다.

년 월 일

100일 | 3행시 일기쓰기 | 떡 볶 이

오늘의 3행시는 '떡/볶/이'. 매운 걸 못 먹는 친구들은 간장 떡볶이, 매운 것을 잘 먹는 친구들은 고추장 떡볶이를 좋아해요. 물론 둘 다 맛있어요. 그래서 '반반'씩 먹고 싶어요.

	떡									
	볶									
	이									

3행시 내용을 그림일기로 그려 보세요.

꼬마상식

분식의 뜻 : 처음에는 '밀가루로 만든 음식'을 뜻했어요. 쌀이 부족한 시절에 분식 장려 운동을 했대요. 지금은 순대, 튀김, 국수, 떡볶이 등 가격이 일반적인 식사류보다 싼 음식을 말해요. 물론 간혹 비싼 분식도 있어요.

⟨뿌듯해 3행시 초등 일기쓰기⟩ 시리즈

뿌듯해콘텐츠연구소 | 각 8,800원

**매일 3행시를 쓰면,
100일 후 글쓰기 도사가 된다!**

- 100일 후, 글쓰기 싫어하던 아이가 확 달라진다!
- 하루 1장, 스티커 1개로 부담 없이 성취감 100배 상승!
- 매주 '뿌듯해' 백일장 도전으로 승부욕 UP!
- 초급, 중급, 고급 중 나에게 맞는 단계로 편하게 시작!
  - 1~2학년은 초급으로 시작하기를 추천
  - 3~4학년은 중급으로 시작하기를 추천
  - 5~6학년은 고급으로 시작하기를 추천

⟨뿌듯해 4자성어 초등 일기쓰기⟩ 시리즈

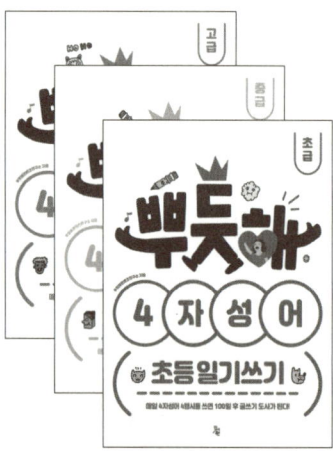

뿌듯해콘텐츠연구소 | 각 8,800원

**매일 4자성어 4행시를 쓰면,
100일 후 글쓰기 도사가 된다!**

- 100일 후, 글쓰기 싫어하던 아이가 확 달라진다!
- 하루 1장, 스티커 1개로 부담 없이 성취감 100배 상승!
- 매주 '뿌듯해' 백일장 도전으로 승부욕 UP!
- 초급, 중급, 고급 중 나에게 맞는 단계로 편하게 시작!
  - 1~2학년은 초급으로 시작하기를 추천
  - 3~4학년은 중급으로 시작하기를 추천
  - 5~6학년은 고급으로 시작하기를 추천

맘마미아 어린이 경제왕

**만화로 쉽게! 평생 가는 용돈관리 실천법!
우리 아이 100세까지 돈 걱정 OUT!**

- 70만 열광 〈맘마미아〉 시리즈 만화판!
- 게임처럼 재미있고 만화처럼 쉽다!
  → 200원 행복재테크, 21일 비밀달력, 500원 강제저축 등
- 초등 교과서 완벽 연계! → 초등 교과서 집필진 감수 참여

맘마미아 지음, 이금희 글그림 | 10,500원

게임 종이접기

**SBS 〈영재발굴단〉 준규 형아가
손으로 직접 만든 장난감!**

- 상·중·하 난이도별 게임 아이템 총 20종 수록!
- 게임 아이템으로 아이들의 꾸준한 흥미 유발!
- 코딩, 로봇공학 등 다양한 분야에서 활용되는
  입체적 사고력 UP!
- 부모와 아이가 함께하는 유익한 취미시간!

강준규 지음 | 13,500원

뿌듯해 3행시 일기쓰기

표 창 장

이름 :

....

위 학생은 100일 동안 <뿌듯해 3행시 일기쓰기>를 빠짐없이 쓰고,
글쓰기 실력을 향상시키기 위해 끊임없이 노력하였기에
이 표창장을 드립니다.

년   월   일

....

뿌듯해콘텐츠연구소

뿌듯해 스티커

매일 '뿌듯해' 스티커를 붙이면 자신감이 샘솟아요!